Für ....

ein Kind des Jahres 1944

Von ....

JAHR-GANG 1944

einfach stark!

GROH

Lichtblick in schweren Zeiten

Wenn auch das Jahr unserer Geburt nicht zu den sonnigen Augenblicken der Weltgeschichte zählt, für unsere Eltern ist es doch ein ganz besonderer Moment. Während wir unsere ersten Atemzüge tun, herrscht draußen Krieg. Bombardierungen bestimmen den Alltag und ganze Städte gleichen Ruinen.

Es geht ums Überleben und da bleibt nur wenig Zeit für Muße und Unterhaltung wie die Uraufführung des Films *Die Feuerzangenbowle* mit Heinz Rühmann im Januar oder *Große Freiheit Nr. 7* mit Hans Albers im Dezember 1944.

Zitate des Jahrzehnts

„Wahr sind die Erinnerungen, die wir mit uns tragen; die Träume, die wir spinnen, und die Sehnsüchte, die uns treiben. Damit wollen wir uns bescheiden."

HEINZ RÜHMANN ALS DR. JOHANNES PFEIFFER IN „DIE FEUERZANGENBOWLE" 1944

Im gleichen Jahr wie du sind geboren:

1. März: **Roger Daltrey**, britischer Musiker

2. März: **Uschi Glas**, deutsche Schauspielerin

24. März: **Marika Kilius,** deutsche Eiskunstläuferin

7. April: **Gerhard Schröder**, dt. Politiker, ehemal. Bundeskanzler

14. Mai: **George Lucas**, US-amerikanischer Regisseur und Produzent

17. September: **Reinhold Messner**, südtirolischer Bergsteiger

25. September: **Michael Douglas**, US-amerikanischer Schauspieler

Alles im Umbruch!

Viele von uns wachsen ohne Vater auf: er ist im Krieg, in Gefangenschaft oder gefallen. Die Kulisse unserer Kindheit sind Trümmer. Dort zu spielen ist uns verboten. Zu viele Blindgänger befinden sich in den Häuserruinen und noch größer ist die Einsturzgefahr. Unsere Mütter jedoch krempeln die Ärmel hoch und helfen, das Land wieder aufzubauen. Wohnraum ist rar. Notunterkünfte oder Nissenhütten sind für manche von uns unser erstes Zuhause. Mit Gemeinschaftsküchen und Waschgelegenheiten und Toiletten draußen vor der Tür. 1950 wohnen noch immer 2,17 Millionen Bundesbürger in Behelfsunterkünften. Selbst, wenn wir das Glück haben, in einer richtigen Wohnung zu leben, so wohnen meist mehrere Generationen auf engstem Raum zusammen. Aber wir kennen es nicht anders – den meisten unserer Freunde ergeht es ähnlich. Doch auch wenn wir verglichen mit den späteren Jahrzehnten in unserer Kindheit noch einiges entbehren müssen, so prägt dennoch Optimismus den Zeitgeist.

Mit der Eichenpflanzerin auf dem 50-Pfennig-Stück soll nicht nur der fleißigen Waldarbeiterinnen, sondern auch der Trümmerfrauen gedacht werden.

„Hurra, wir leben noch!" ist das Nachkriegsmotto. Nach der Zeit der Angst und der Entbehrung will man es sich so gut wie möglich gehen lassen. Das wenige, was man hat, wird meist bereitwillig geteilt. Und „Not macht erfinderisch": es zeigt sich, dass man auch mit wenig viel Freude haben kann.

Unsere Liebsten

Die beliebtesten Mädchen- und Jungennamen 1944 sind:

1. Renate	1. Klaus/Claus
2. Karin	2. Hans
3. Monika	3. Peter
4. Ursula	4. Jürgen
5. Ingrid	5. Wolfgang
6. Gisela	6. Dieter
7. Elke	7. Manfred
8. Christa	8. Uwe
9. Heike	9. Bernd
10. Bärbel	10. Günter/Günther

Die Hits deines Geburtsjahres:

Bing Crosby - Swinging on a star

Hans Albers - Beim ersten Mal, da tut's noch weh

Herbert Ernst Groh - Frauenaugen

Hans Albers - La Paloma

Magda Hain - Möwe, du fliegst in die Heimat

Marika Rökk - In der Nacht ist der Mensch nicht gern allein

Einige Kino-Highlights deines Geburtsjahres:

Große Freiheit Nr. 7

Arsen und Spitzenhäubchen

Die Feuerzangenbowle

Die Kralle

Das Haus der Lady Alquist

Frau ohne Gewissen

Die Kleidung unserer Kindheit: Hauptsache praktisch

Lederhose und Trägerkleid

Wer kaum genug zu essen hat, der hat für Kinderkleidung schon gar kein Geld. Ein neues Kleidungsstück hat daher Seltenheitswert in unserer Kindheit. Wir tragen die Kleidung unserer Geschwister oder Cousins auf. Aus alten Kleidern werden neue genäht und zu klein gewordene Wollpullover werden wieder aufgeribbelt und zu einem Pullunder neu verstrickt. Besonders unangenehm sind die kratzigen Wollstrümpfe und Wollhosen.

Wer eine Mutter, Tante oder Großmutter hat, die gut mit Nadel und Faden umgehen kann, hat Glück. Denn von schicken Kleidern sind die meisten von uns in der Kindheit so weit entfernt wie die Erde von der Sonne. Nicht Schönheit zählt, sondern ob ein Kleidungsstück pflegeleicht und der Witterung angemessen ist.

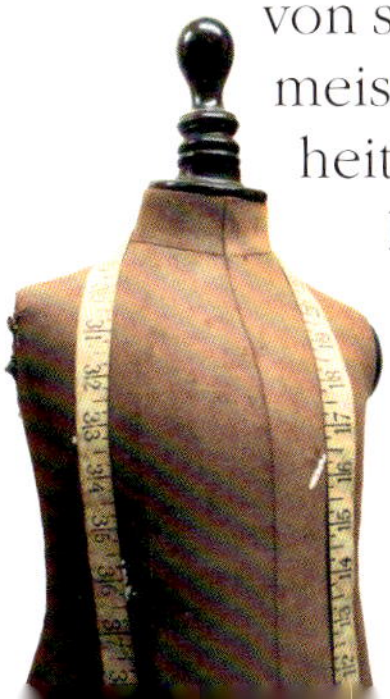

Kaum einer, der in den 40-Jahren nicht selbst schneidert

Die Alltagsbekleidung der Jungs ist die Lederhose. Sie macht alles mit und wird eigentlich nur schöner, je speckiger sie wird – finden wir. Sie kratzt nicht und lässt uns alle Freiheiten. Die Lederhose ist unser Lieblingskleidungsstück – bis die Jeanshosen kommen.

Ein Stück Unbeschwertheit

Autos gibt es kaum in diesen Tagen und so können wir ungestört auf der Straße spielen. Hier amüsieren wir uns mit einfachen Mitteln: springen Seil, spielen „Himmel und Hölle", kicken Blechdosen und spielen mit Murmeln. Wer in einer ländlichen Gegend wohnt, dem stehen Wald und Flur als Spielplatz zur Verfügung. Wir sind viel uns selbst überlassen und sind daran gewöhnt, gegenseitig aufeinander aufzupassen.

Bärbel, Inge, Erika oder Christel heißen die Schildkröt-Puppen aus Celluloid.

Wenn wir nicht draußen spielen können, dann sitzen wir einfach mit unserer Puppe bei Oma unterm Nähtisch und sammeln die Stecknadeln auf. Oder wir gucken in der Küche beim Einkochen zu. Solange wir die Erwachsenen nicht stören, werden wir geduldet.

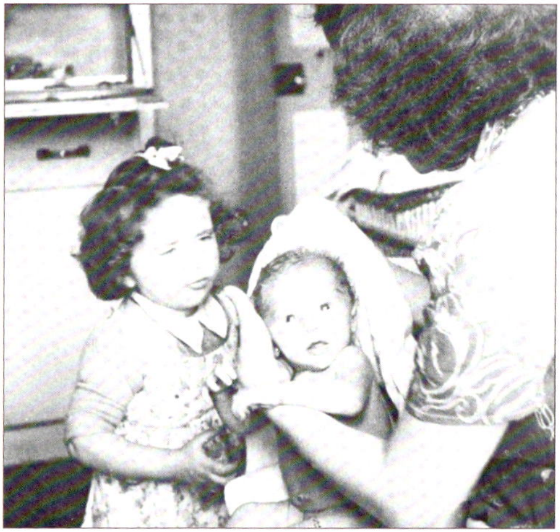

Zurück in den Alltag ...

... ist das Motto der Nachkriegszeit. „Fringsen", also beispielsweise das „Organisieren" von Kohleresten aus einem Kohlewaggon, wird toleriert. Kostenfrei sind auch die Kartoffeln oder Ähren, die nach der Ernte noch auf den Feldern liegen: „Stoppeln" nennt man das Absuchen der abgeernteten Felder.

Selbstversorgung ist Trumpf. Jedes kleine Stück Hinterhof wird genutzt, um Gemüse oder Obst für den eigenen Verzehr anzupflanzen. Selbst der Tabak wird selbst angebaut. Wer nicht direkt in der Stadt wohnt, begibt sich regelmäßig auf Streifzüge durch die Natur, um Essbares zu sammeln: Beeren, Schlehen, Pilze, Bucheckern, Kräuter für Tees und die Hausapotheke ...

Verhasst: der tägliche Löffel Lebertran

Zuckerrüben werden in großen Kesseln zu Rübenkraut verkocht. Und wenn ein Tier geschlachtet wird, dann bleibt nahezu kein Körperteil ungenutzt: Fleischbrühe, Blutwurst, Sülze, „Alles verwenden – nichts verschwenden!“

Unsere Mütter entwickeln magische Fähigkeiten, wenn es darum geht, aus mageren Zutaten ein sättigendes Essen zu kochen: Brennnessel- oder Brotsuppe, Kartoffel-, Weißkohl- oder Steckrübeneintopf stehen auf dem Alltagsspeiseplan. Die Männer nehmen die Reste der Mahlzeit in einem Henkelmann mit zur Arbeit. Abends kommt Hopfenbrause statt Bier auf den Tisch. Und an Festtagen backt man Kuchen auch ohne Fett und Eier und trinkt dazu Muckefuck statt Bohnenkaffee.

Die CARE-Pakete, die ab 1946 aus Übersee eintreffen, sind jedes Mal wahre Freudenfeste. Drin sind z. B. Zucker, Honig, Rosinen und Speck.

1950 werden die meisten von uns eingeschult. Von da an verlassen wir jeden Tag – außer sonntags – frühmorgens das Haus. Mit gescheiteltem und gekämmtem Haarschopf oder ordentlich geflochtenen Zöpfen machen wir uns zu Fuß auf unseren mehr oder weniger langen Schulweg.

Wir gehen zur Schule

Autoritäre Strukturen bestimmen unseren Schulalltag. Dass wir still sitzen und gehorchen, ist keine Option, sondern eine Selbstverständlichkeit. Bei Verstoß darf unser Lehrer ganz offiziell von seinem Züchtigungsrecht Gebrauch machen. Und so ist es keine Seltenheit, dass wir mit dem Lineal eins auf die Finger bekommen, eine Kopfnuss oder eine Ohrfeige kassieren. Daheim verschweigen wir diese Zwischenfälle lieber. Unsere Eltern würden sich sowieso auf die Seite des Lehrers stellen.
Aber es gibt nicht nur Strafe, sondern auch Belohnung – in Form von Fleißbildchen. Sie sollen uns motivieren, was aber allenfalls bei den Mädchen funktioniert.

Allzu oft sehnsüchtig erwartet: die Schulglocke

Wir sollen nicht nur schreiben lernen, sondern auch Disziplin.

Die Schulspeisung sorgt dafür, dass wir nicht hungrig lernen müssen.

Ereignisse, die uns bewegen

06.06.1944 Am sogenannten D-Day landen die alliierten Truppen in der Normandie.

27.04.1945 Österreich erklärt seine Unabhängigkeit vom Deutschen Reich.

08.05.1945 Nach sechs Jahren endet der Zweite Weltkrieg.

26.06.1945 Die Vereinten Nationen werden als Nachfolgeorganisation des Völkerbundes in San Francisco gegründet.

1946 Der amerikanische Ingenieur Percy Spencer entwickelt den Mikrowellenherd.

17.02.1947 Im Bundesstaat New York frieren wegen der großen Kälte die Niagarafälle ein.

03.04.1948 Der Marshallplan tritt in Kraft. Die USA stellen 5,3 Milliarden Dollar zur Verfügung, um Europa wirtschaftlich aufzubauen.

1944 – 1953

24.05.1949 In Bonn wird das Grundgesetz unterzeichnet.

13.07.1949 In den USA wird George Orwells Zukunftsroman „1984" als Buch des Jahres ausgezeichnet.

12.09.1949 Theodor Heuss wird erster Bundespräsident Deutschlands. Seine gelassene, bodenständige Art trägt ihm den Spitznamen „Papa Heuss" ein.

18.04.1951 Frankreich, Deutschland, Italien und die Benelux-Staaten gründen die Montanunion und schaffen damit einen gemeinsamen Markt für Stahl und Kohle.

25.10.1951 Winston Churchill wird zum zweiten Mal britischer Premierminister.

26.05.1952 Die DDR beginnt einen Grenzzaun zu errichten, um den Flüchtlingsstrom in die BRD einzudämmen.

02.06.1953 Die britische Kronprinzessin Elizabeth wird in London zur Königin gekrönt.

„Wohlstand für alle“

Wir gehen noch nicht in die Schule, da wird Konrad Adenauer 1949 zum ersten Bundeskanzler Deutschlands gewählt: Er bleibt bis zu seinem Rücktritt am 15. Oktober 1963 im Amt und prägt unsere Kindheit und Jugend.

Ludwig Erhard, Wirtschaftsminister seit 1949 und Bundeskanzler von 1963 bis 1966, beeinflusst den wirtschaftlichen Werdegang der Republik und wird als Vater des Wirtschaftswunders verehrt. Er plädiert für „Wohlstand für alle“.

Bei einem Besuch in Moskau erreicht Konrad Adenauer im September 1955, dass die letzten deutschen Kriegsgefangenen aus der Sowjetunion zurückkehren dürfen. Die sogenannte „Heimkehr der Zehntausend“ gilt für viele Bundesbürger als Adenauers größte Leistung und geht in die Geschichte ein. Auch Angehörige von Vermissten fiebern jedem Transport entgegen, in der Hoffnung, ihren geliebten Menschen doch noch in die Arme zu schließen.

Zitate des Jahrzehnts

„Nehmen Sie die Menschen,
wie sie sind.
Andere gibt's nicht.“

KONRAD ADENAUER
1876 - 1967

50 Heimkehrer aus der Sowjetunion treffen am 11. Oktober 1955 in Hamburg ein, wo sie bereits sehnlichst erwartet werden.

Zwei politische Leitfiguren: Ludwig Erhard und Konrad Adenauer

Neben seiner politischen Tätigkeit ist Adenauer auch ein großer Gartenliebhaber. Besonders Rosen haben es ihm angetan. 1953 wird auf der Internationalen Gartenausstellung eine Rosensorte nach ihm benannt. Zudem hegt er eine große Leidenschaft für Boccia und betätigt sich außerdem auch als Erfinder.

Das „Wunder der Schaufenster" kurz nach der Währungsreform

Wellen des Aufschwungs

Abschied von der Reichsmark

Nach Kriegsende steht es nicht gut um die deutsche Reichsmark. Schwarzmarkt und Tauschhandel blühen. Am 21. Juni 1948 wird die entwertete Währung daher von der Deutschen Mark abgelöst.
Die Umstellung auf die neue Währung erfolgt an einem Sonntag. 40 D-Mark Kopfgeld pro Person können sich die Deutschen im Amt abholen. Am Montag beginnt das „Wunder der Schaufenster". Über Nacht füllen sich die Auslagen wie von Zauberhand mit gehorteten Waren. Diese Stunde Null der Währungsreform ist der erste Schritt zu dem, was bis 1967 anhält und allgemein als Wirtschaftswunder bezeichnet wird. Zwischen 1950 und 1955 steigt das Bruttosozialprodukt um jährlich 10 Prozent.

Es darf gekauft werden! Der Wirtschaftsaufschwung kommt in Wellen. Auf die Fresswelle folgt die Bekleidungswelle, dann die Motorisierungswelle und damit auch die Reisewelle.

Wohlstands(t)räume

Wenn es nach den Möbeldesignern der 50er-Jahre gehen würde, dann hätte Plüsch endlich ausgedient. Klare Linien versuchen sich im Einrichtungsstil durchzusetzen: Sessel mit zierlich ausgestellten Beinen, Nieren- oder Dreieckstische – und alles gern in freundlichen Pastellfarben.

Das Röhrenradio sorgt in den 40er- und 50er-Jahren für die Familienunterhaltung.

Auch wenn unsere Eltern sich möglicherweise vom neuen Stil inspirieren lassen, meist bleibt es bei samtbezogenen Cocktailsesseln und Gelsenkirchener Barock, bei dem, was man als gemütlich empfindet. Vereinzelt halten Nierentische, Blumenhocker und Tütenlampen Einzug und werden mit den traditionellen Möbelstücken kombiniert.

In den 50er-Jahren gibt es in kaum einer Familie ein Fernsehgerät. Mitte des Jahrzehnts kostet ein Fernseher rund 1.000 DM und ist daher nur für wenige erschwinglich. Als Unterhaltungsmedium dient das Radio. Häufig trifft sich die ganze Familie vor dem Röhrenempfänger. Zusammen hört man Sportübertragungen, Musikprogramme, die Kabarettsendung *Die Insulaner, Dickie Dick Dickens* oder *Paul Temple-Krimis* von Francis Durbridge.

Der letzte Schrei Ende der 50er-Jahre: leichte Möbel in hellen Farben

In den 50er-Jahren ein echter Renner: der Messerschmitt-Kabinenroller. Wegen seiner aufklappbaren Plexiglashaube auch als „Schneewittchensarg“ bekannt

Endlich ein Auto!

Die meisten fahren in den 50er-Jahren mit dem Fahrrad, dem Motorrad oder dem Bus zur Arbeit. Ein eigenes Auto bleibt für viele noch ein Traum. Ganz zu schweigen von so schicken Sportwagen wie einem Porsche 365 oder dem Mercedes-Benz 300 SL. Doch mit dem Wirtschaftsaufschwung steigt auch die Nachfrage nach bezahlbaren Kleinwagen: 1950 werden bereits doppelt so viele Autos produziert wie im Vorjahr – unter anderem wird bereits der 100.000ste VW-Käfer gefertigt.

1953 kommt der Messerschmitt-Kabinenroller auf den Markt. Für 2.245 DM bietet er zwar nur zwei Personen Platz und ist mit 9 PS auch nicht besonders leistungsstark – aber er ist ein Auto, wenn auch ein dreirädriges. Es sollte sich bald herausstellen, dass der Kabinenroller ein echter Verkaufsschlager ist.
Ähnlich beliebt: die BMW Isetta, die ebenfalls 1953 dem Publikum präsentiert wird – mit fast 10 PS etwas schneller, aber mit 4.000 DM auch teurer. Wer ein bisschen mehr investieren kann, der leistet sich eine „Borgward Isabella“, die zwischen 1954 und 1962 produziert wird: Mit Weißwandreifen, Chrom und Zierleisten ein Traum von einem Mittelklassewagen.

Klassiker der 50er-Jahre-Küche

Restaurationsbrot – auch unter dem Namen „Restbrot" oder „illustriertes Brot" bekannt – ist ein typisches Essen der 40er- und 50er-Jahre. Heute fast vergessen, stand es damals als reichliches, sättigendes Gericht in fast jedem Gasthaus auf der Speisekarte.

Das Rezept lässt Spielraum für Kreativität. Mittelpunkt ist meist das Restbrot, um das Kartoffelsalat oder Fleischsalat angerichtet wird. Dafür werden zwei oder drei Scheiben Brot dünn mit Mayonnaise oder Butter bestrichen und belegt, z. B. mit kaltem Braten, Schinken oder Wurst- und Käseresten. Darauf kommt eine aufgeschnittene Tomate, Gurkenscheiben oder Zwiebelringe, je nach Geschmack auch Sardellen. Ein Ei, entweder gekocht, halbiert und mit einem Klecks Mayonnaise verfeinert, oder gebraten als Spiegelei, krönt die Brotkomposition.

Orangensirup für Limonade

Man braucht:
12 Orangen, 2 kg Zucker, 2 Liter Wasser, 50 g Zitronensäure.
Die Orangen auspressen. Den Zucker mit dem Wasser aufkochen lassen und zum Orangensaft geben, die Zitronensäure einrühren. Die Flüssigkeit 24 Stunden kühl stellen und gelegentlich umrühren. Dann durch ein Sieb gießen und anschließend in Flaschen abfüllen. Den Orangensirup nach Geschmack mit Wasser verdünnen und eventuell Eiswürfel und frische Orangenscheiben zugeben.

Ereignisse, die uns bewegen

17.05.1954 In den USA wird die Rassentrennung an den öffentlichen Schulen aufgehoben.

12.08.1955 Der Schriftsteller Thomas Mann stirbt im Alter von 80 Jahren.

18.04.1956 Die Schauspielerin Gracia Patricia Kelly heiratet Fürst Rainier III. – eine Märchenhochzeit.

15.10.1956 Die deutsche Petra Schürmann wird zur *Miss World* 1956 gekürt.

17.04.1958 In Brüssel wird die Weltausstellung eröffnet. Als Symbol wird das „Atomium“ errichtet, die 150-Milliarden-fache Vergrößerung eines Alpha-Eiskristalls.

19.12.1958 Max Frisch erhält den Büchnerpreis.

01.07.1959 Theodor Heuss geht, Heinrich Lübke kommt. Deutschland hat einen neuen Bundespräsidenten.

1954 – 1964

29.07.1959 Mutti bekommt Mitspracherecht.
Das Bundesverfassungsgericht erklärt das Gesetz, das seit 1957 dem Vater die Entscheidung für Familienfragen überlässt, für verfassungswidrig.

18.08.1960 Im Hamburger Club *Indra* steht eine damals noch unbekannte Band aus Liverpool auf der Bühne: die *Beatles*. Der Auftakt zu einer Weltkarriere.

15.06.1961 Walter Ulbricht verkündet, niemand habe die Absicht, eine Mauer zu erbauen. Kurz darauf ist die endgültige Teilung Deutschlands vollzogen.

22.11.1963 Die Nachricht von der Ermordung des US-Präsidenten John F. Kennedy versetzt Menschen auf der ganzen Welt in Schock.

1964 Martin Luther King wird mit dem Friedensnobelpreis ausgezeichnet.

Meilensteine der Sportgeschichte

Die schwarze Stunde der Formel 1: Am 10. September 1961 startet Wolfgang Graf Berghe von Trips, die große Hoffnung des deutschen Autorennsports, in Monza für den großen Preis von Italien. Es ist sein letztes Rennen. „Count Crash“ wurde der wagemutige Rennfahrer auch genannt, weil er sich immer wieder kleinere und größere Blessuren zuzog. Das Rennen in Monza soll alles für ihn entscheiden: Trips liegt in Führung. Nur ein einziger Sieg fehlt ihm noch, um WM-Sieger zu werden. Doch in der zweiten Runde, kurz vor der Parabolica-Kurve, kommt es zu einer Kollision mit Jim Clark. Trips' Ferrari wird aus der Bahn geschleudert und prallt gegen die Zuschauerabzäunung. Nicht nur Berghe von Trips ist sofort tot, 14 weitere Menschen lassen ihr Leben, 60 werden verletzt. Teamkollege Phil Hill gewinnt das Rennen, Berghe von Trips wird posthum Vizeweltmeister.

Nur fünf Jahre dauerte die steile Rennfahrer-Karriere des jungen Adligen. Bis heute zählt Wolfgang von Trips zu den Legenden des Automobilsports.

Unvergessen in der Formel 1: Wolfgang Graf Berghe von Trips

Eine schwarze Stunde auch für den Fußball: Am 06.02.1958 fliegt die Mannschaft von Manchester United nach einem Spiel zurück in die Heimat. Bei einer Zwischenlandung in München-Riem gerät das Flugzeug in einen Schneesturm: Acht Spieler sterben. Darunter auch das große Fußballtalent Duncan Edwards.

Zitate des Jahrzehnts

„Das Geheimnis des Fußballs ist ja der Ball."

UWE SEELER

*1936

DEUTSCHER FUSSBALLSPIELER

1958 stellt Armin Hary einen sensationellen Rekord auf. Als erstem Sprinter gelingt es ihm, die 100 Meter in 10,0 Sekunden zu laufen. Er ist der letzte Europäer, der den 100-Meter-Weltrekord gehalten hat. Zwei Jahre später gewinnt er bei den Olympischen Spielen in Rom Gold.

Als Schlacht von Göteborg geht das Halbfinalspiel der Fußball-WM am 24. Juni 1958 in die Geschichte ein. Deutschland und Schweden treten gegeneinander an. Schon im Vorfeld geraten sich schwedische und deutsche Fans in die Haare. Hassgesänge begleiten das Spiel. Es endet 3:1 für Schweden. Deutschland fühlt sich von den schwedischen Zuschauern und dem ungarischen Schiedsrichter unfair behandelt.

Skandalös!

Wir wachsen auf in einer Welt, die sich nach außen hin prüde und bieder gibt. Der § 180 StGB, der Kuppeleiparagraph, sorgt dafür, dass Erwachsene, Eltern wie Zimmerwirte, immer ein wachsames Auge auf uns haben, und vermeiden, dass wir auch nur einen Augenblick alleine mit dem anderen Geschlecht sind.

Der Kinofilm *Die Sünderin* sorgt 1950/51 für einen monatelang andauernden Skandal. Hildegard Knef als Prostituierte, das Thema Sterbehilfe und nicht zuletzt ein paar Sekunden nackter Haut führen dazu, dass Kirche und Politik zum Boykott aufrufen. Filmgegner und Filmbefürworter liefern sich heftige Auseinandersetzungen, bei denen auch die Polizei eingreifen muss. Obwohl der Film bereits 1951 wieder abgesetzt wird, wird er zu einem Kassenschlager. Auch wenn wir selbst noch zu jung sind, unsere älteren Geschwister lassen sich den Kinobesuch nicht entgehen.

Zitate des Jahrzehnts

„Wer gewohnheitsmäßig oder aus Eigennutz durch seine Vermittlung oder durch Gewährung oder Verschaffung von Gelegenheit der Unzucht Vorschub leistet, wird wegen Kuppelei mit Gefängnis nicht unter einem Monat bestraft; [...]“

§ 180 STGB, ABS. 1

Einen weiteren Skandal – ganz real, nicht auf der Leinwand – löst 1957 der Fall Rosemarie Nitribitt aus. Die Edelprostituierte, die Beziehungen zu zahlreichen einflussreichen Männern führte, ist schon zu Lebzeiten prominent. Nicht nur sie selbst, auch ihr schwarzer Mercedes 190 SL mit den roten Ledersitzen erregt überall Aufsehen. Am 1. November 1957 wird Rosemarie Nitribitt ermordet aufgefunden. Bis heute ist das Verbrechen nicht aufgeklärt.

Rosemarie Nitribitt und ihr Cabrio

Ausgerechnet eine Frau eröffnet 1962 das erste „Fachgeschäft für Ehehygiene“. Beate Uhse, Speerwerferin, Kunstfliegerin und couragierte Geschäftsfrau, wagt es, „Ehebücher“ und Liebesutensilien zu verkaufen. Bis in die 1990er-Jahre setzt sie sich damit immer wieder Anzeigen von empörten Sittenwächtern aus.

Das starke Geschlecht

Anstand ist das, was einer jungen Dame Mitte des 20. Jahrhunderts am besten steht. Reinheit, Schlichtheit und einwandfreie Moral prädestinieren für die Rolle der guten Ehefrau und Mutter. Und das ist, zumindest nach Meinung unserer Eltern, auch die einzig richtige Rolle für eine Frau. „Fräuleins", die sich Ende der 40er-Jahre mit amerikanischen Soldaten „die Zeit vertreiben" – für Nylons, Zigaretten oder ein paar Dollar – dienen selbst 10 Jahre später noch als schlechtes Beispiel. Und dennoch: Aus manch einem „Techtelmechtel" wird Liebe und nicht jeder Soldat geht allein zurück in die Heimat ...

Bescheidenheit und Zurückhaltung kleiden eine junge Dame Anfang der 60er-Jahre.

Beruflich stehen Frauen nur wenige Wege offen. Mädchen werden früh auf ihr Hausfrauendasein vorbereitet. Einige besuchen eine Hauswirtschaftsschule, andere müssen einfach, im Gegensatz zu ihren Brüdern, der Mutter zur Hand gehen. Für die meisten Mädchen endet die Schulkarriere mit dem Volksschulabschluss. Einige machen eine Lehre im Büro, andere werden Krankenschwester oder Verkäuferin. Mit der Heirat findet für viele Frauen das Arbeitsleben bereits wieder ein Ende. Eine verheiratete Frau benötigt ohnehin die Erlaubnis ihres Mannes, wenn sie berufstätig sein möchte. Und für viele Männer ist es immer noch eine Frage der Ehre, dass sie als Alleinverdiener für ihre Familie sorgen können.

Auch von Quotenfrauen ist in den 50er-Jahren noch lange nicht die Rede. Die Regierungsmannschaft von Konrad Adenauer ist eine Herrenriege. Erst 1961 bekommt die BRD eine erste Ministerin: Elisabeth Schwarzhaupt ist zuständig für einen Bereich, der für Frauen adäquat scheint: für das Gesundheitswesen.

Frauenalltag Anfang der 60er ...

... und die Ausnahme: Elisabeth Schwarzhaupt als Frau in einer Männerwelt.

Weißt du's noch?

Erinnerst du dich noch an die Schlagzeilen aus deiner Jugend? Hier kannst du dein Wissen auffrischen. Die richtigen Antworten findest du unten am Seitenrand.

1) Welche berühmte Persönlichkeit wurde 1944 geboren?

a) Gerhard Richter
b) Gerhard Schröder
c) Gerhard Polt

2) Welcher Film stammt aus deinem Geburtsjahr 1944?

a) Frau ohne Gewissen
b) Casablanca
c) Der blaue Engel

3) Welches Gerät wurde 1946 entwickelt?

a) Transistorradio
b) Mikrowellenherd
c) Geschirrspülmaschine

4) Zu welcher Neuerung kam es 1948?

a) Die D-Mark wird eingeführt
b) Das Grundgesetz tritt in Kraft
c) Ein tägliches Fernsehprogramm wird gesendet

5) Konrad Adenauer war begeisterter Erfinder. Unter anderem erfand er:

a) Den elektrischen Dosenöffner
b) Die Sojawurst
c) Den Vierfarbkugelschreiber

6) Welcher Rennfahrer wurde 1950 der erste Formel-1 Weltmeister der Geschichte?

a) Guiseppe Farina
b) Luigi Fagioli
c) Juan Manuel Fangio

Lösungen: 1b, 2a, 3b, 4a, 5b, 6a

Weißt du's noch?

7) Wer war 1953 auf der Erstausgabe des Playboy zu sehen?

a) Brigitte Bardot
b) Marilyn Monroe
c) Jayne Mansfield

8) Welches Ereignis fand 1954 statt?

a) Ludwig Erhard wird Kanzler
b) Krönung Elizabeth II.
c) Deutschland wird Fußballweltmeister

9) Welche kulturelle Veranstaltung nahm 1955 ihren Anfang?

a) documenta
b) Berlinale
c) Biennale

10) Welches Lied von Bill Haley wurde Mitte der Fünfziger international zum Nummer-Eins-Hit?

a) Rock Around the Clock
b) Mack the Knife
c) Razzle-Dazzle

11) In welcher Stadt fanden die Olympischen Sommerspiele 1960 statt?

a) London
b) Athen
c) Rom

12) Welcher Schriftsteller starb 1962?

a) Friedrich Dürrenmatt
b) Hermann Hesse
c) George Orwell

Lösungen: 7b, 8c, 9a, 10a, 11c, 12b

Bei der Essensvorbereitung helfen alle zusammen.

Ausbüchsen

Besonders auf die Mädchen haben die Eltern ein wachsames Auge. Doch je älter wir werden, desto mehr kleine Freiheiten können wir uns verschaffen. Großen Zuspruch finden die Pfadfinder, die es sowohl für Jungen als auch für Mädchen gibt. Mit der Gruppe machen wir Fahrradausflüge, campen oder machen Lagerfeuer.

Jugendgruppen wie die Pfadfinder ermöglichen uns eine Auszeit von den Eltern.

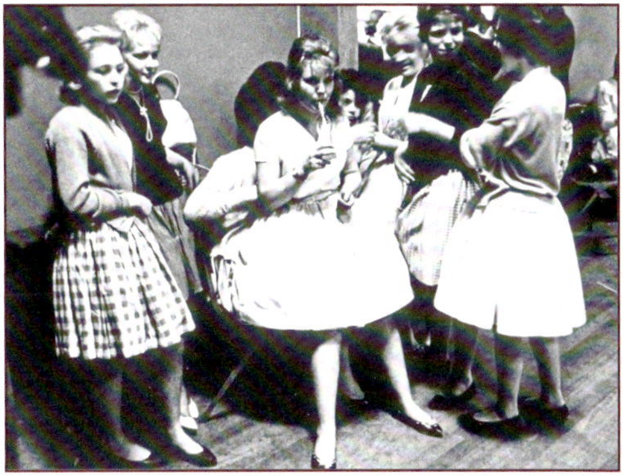

Mauerblümchen will keine gerne sein.

Die Tanzschule bietet die Möglichkeit der Annäherung an das andere Geschlecht, wenn auch meist nur in Anwesenheit des Tanzlehrers. Bei Walzer, Tango und Foxtrott kommt es zur ersten Kontaktaufnahme. Ein Junge schwebt, wenn er sein Mädchen nach der Tanzstunde nach Hause bringen darf, meist schon im siebten Himmel. In der Regel bleibt es dabei, dass sie sich artig für die Begleitung bedankt. Mädchen wollen meist keinen Ärger riskieren mit der Mutter, die bereits hinter dem Vorhang Ausschau nach ihrer Tochter hält.

Rad- und Wanderausflüge mit Freunden in die Umgebung ersetzen uns die Fernreise.

Die Ferne lockt

Unsere Reiselust wird geweckt von Liedern wie *Marina, Manuela,* den *Capri-Fischern* oder *Arrivederci Roma.* Italien steht ganz oben auf der Hitliste der Sehnsuchtsziele.

Mit uns träumen viele von Italien. Doch Mitte der 50er-Jahre verbringen die meisten Deutschen ihren Urlaub noch zu Hause. Allenfalls geht es ein paar Tage in den Schwarzwald oder an den Tegernsee, vielleicht auch ins benachbarte Österreich.
Urlaubsreisen finden mit dem Auto statt, was schon damals zu Staus auf den Straßen führt. So kann eine Familienfahrt im Kleinwagen ohne Klimaanlage leicht zur Geduldsprobe werden. Urlaub ohne Eltern lässt sich meist nur im Rahmen einer Jugendgruppe realisieren. Auch wenn es nicht nach Italien geht, ist das eine Möglichkeit, die wir gerne wahrnehmen.

Zitate des Jahrzehnts

„Rote Rosen, rote Lippen, roter Wein, und Italiens blaues Meer im Sonnenschein."

RENÉ CAROL
1920-1978

Die Zukunft rockt

Rock 'n' Roll eröffnet uns eine neue Lebenswelt. „Negermusik" nennen unsere Eltern unsere Lieblingssongs abfällig.

Bill Haleys *Rock Around the Clock* (1954/55) löst in den USA eine riesige Welle der Begeisterung aus, die auch uns bald erfasst. Was für unsere Eltern reine Provokation ist, trifft genau den Nerv unserer Zeit: Wir haben genug von steifen Tanzstunden und gutem Benehmen, von Fleiß, Ordnung und Disziplin – wir wollen uns lebendig fühlen, etwas erleben. Der Rock 'n' Roll verspricht uns genau das: lange Haare, Nietenhosen, offenes rebellisches Verhalten.

Buddy Holly, einer der ganz großen Rock-'n'-Roller, kommt bereits am 3. Februar 1959 bei einem Flugzeugabsturz ums Leben. Doch seine Songs *That'll Be the Day, Peggy Sue, Oh Boy!* und *It Doesn't Matter Anymore* laufen auch Jahre nach seinem Tod auf unseren Plattentellern heiß.

Zitate des Jahrzehnts

„Wenn du Rock 'n' Roll liebst,
wenn du ihn fühlst,
dann musst du dich
einfach dazu bewegen.
So geht es mir,
ich kann nicht anders."

ELVIS
(1935 - 1977)

Ted Herold ist die Verkörperung des deutschen Rock 'n' Roll. Als „deutscher Elvis" singt Herold zunächst fast nur deutsche Coverversionen von Presley-Songs. Sein Titel *Ich bin ein Mann,* in dem es um Küsse und einen heißen Flirt geht, wird von deutschen Radiosendern nicht gespielt.

Außer im Radio gibt es meist wenig Möglichkeiten für uns, Musik zu hören. Plattenspieler haben in den 50ern nur wenige zuhause. Und wenn dann stehen sie bei den Eltern in der guten Stube, wo wir keine Rock-'n'-Roll-Scheiben auflegen können. Wir treffen uns deshalb meist dort, wo eine Jukebox steht, die wir mit unseren Groschen füttern und dazu tanzen.

Rock-'n'-Roll-Legenden unserer Jugend:

Bill Haley
Chuck Berry
Little Richard
Jerry Lee Lewis
Carl Perkins
Gene Vincent
Elvis
Ritchie Valens

Petticoat und Nietenhosen

Während unsere Mütter im Alltag noch blumenbedruckte Kleider oder Schürzen tragen und sonntags Kostüm, Hut und Handschuhe anlegen, entdecken wir einen neuen Stil für uns. Er geht Hand in Hand mit unserer Vorliebe für die neue Rock-'n'-Roll-Musik. Enge Bleistiftröcke, die ganz von selbst dafür sorgen, dass Damen stets gesittet und mit übereinandergeschlagenen Beinen sitzen, werden abgelöst durch weitschwingende Röcke. Und damit die glockige Form auch schön zur Geltung kommt, wird darunter ein bauschig-weiter Unterrock, der Petticoat, getragen. Ideal, um genug Bewegungsfreiheit zum Tanzen zu haben.

Der Rock 'n' Roll bringt auch die Nietenhose mit, die bald Jeans heißt. Ursprünglich eine amerikanische Arbeitshose, wird sie 1948 erstmals in Deutschland hergestellt – für Männer. Nietenhosen für Frauen gibt es ab 1953. Sie heißen „Girls-Camping-Hose", sind sehr figurbetont und seitlich zu schließen. Nur wenige deutsche Mädchen tragen diese Hosen bereits Mitte der 50er-Jahre. Unsere Eltern finden, dass „Texashosen", wie die Jeans auch genannt werden, keine anständige Kleidung sind, sondern etwas für „Halbstarke". Uns ist das gerade recht, denn halbstark sein ist seit dem James Dean-Film *Denn sie wissen nicht, was sie tun* Kult. Für uns sind Jeanshosen ein Stück Freiheit – und auch ein bisschen Protest.

Ted Herold macht die Jeans auch in Deutschland populär.

Traumland Amerika

Die USA erscheinen uns in unserer Jugend wie das Tor zum Glück. Nicht nur die Musik und die Jeans finden wir stark, wir nehmen auch alle anderen Trends aus Amerika begierig auf: Coke, Kaugummi, Milchshakes ...
Wir bewundern die riesigen Straßenkreuzer mit Heckflossen und die lässige amerikanische Freizeitmode. Und wir lieben Filme von Billy Wilder, Sam Spiegel, Alfred Hitchcock und Stanley Kubrick.

1959 erfasst die aus den USA nach Europa rollende Hula-Hoop-Welle auch uns: Stundenlang lassen wir den Kunststoff-Reifen um die Hüften kreisen – das sorgt nicht nur für die angesagte Wespentaille, sondern macht auch noch Spaß:
Wettkämpfe, Massen-Hoopen, Dauer-Hoopen, Kunststücke mit dem Reifen – das ist weniger ein Vergnügen für Kinder als vielmehr für Jugendliche. Unsere Eltern beobachten den Trend, bei dem sich der Körper geschmeidig bewegt und die Hüften eifrig kreisen, mit Skepsis.

Chrysler, Cadillac, Buick, Pontiac, De Soto ... – das sind für uns die wahren Autos.

Die deutsche Filmkomödie *Hula-Hopp-Conny* mit Cornelia Froboess und Rex Gildo greift den amerikanischen Trend bereits 1959 auf.

Der Monumentalfilm *Ben Hur* wird am 5. April 1960 mit elf Oscars ausgezeichnet! Bis heute zählt der US-amerikanische Film zu den aufwändigsten Produktionen der Filmgeschichte. Alleine an dem elfminütigen Wagenrennen wurde monatelang gearbeitet.

Meilensteine der Filmgeschichte

Filme unserer Jugend:

Die Brücke am Kwai (1957)
Manche mögen's heiß (1959)
Bei Anruf Mord (1959)
Das Appartement (1960)
Psycho (1960)
Das Spukschloss im Spessart (1960)
Spartacus (1960)
16 Uhr 50 ab Paddington (1961)
Drei Mann in einem Boot (1961)
Lolita (1962)

Die 60er-Jahre bieten eine Vielfalt an Kinounterhaltung und haben unvergessene Filme hervorgebracht. Besonders beliebt sind Monumentalfilme mit großer Kulisse und historischen Themen: *Die letzten Tage von Pompeji* (1959), *Spartacus* (1960), *Kampf um Troja* (1961) oder *Cleopatra* (1963) sind Publikumsmagneten. Aber auch Hollywood-Komödien, deutsche Musikfilme und Thriller à la Hitchcock füllen die Kinosäle.

Zitate des Jahrzehnts

„Es gibt drei wichtige Regeln
beim Filmemachen:
Du sollst nicht langweilen,
du sollst nicht langweilen,
und du sollst nicht langweilen!"

BILLY WILDER
US-AMERIK. FILMPRODUZENT
(1906 - 2002)

Zeit des Aufbruchs

Wir haben in unserer Kindheit und Jugend schon viel erlebt: Kriegsende und Mauerbau, Wirtschaftswunder und Rock 'n' Roll, Petticoat und Jeans, Fernsehen und Plattenspieler ... Wir haben miterlebt, wie Deutschland aus den Trümmern Stück für Stück neu aufgebaut wurde. Wenn es auch sicher keine einfache Zeit war: Wir hatten trotzdem eine schöne Kindheit. Und wir haben gesehen, was man mit Tatkraft und einem festen Willen alles schaffen kann. Viele von uns wohnen vielleicht noch in beengten Verhältnissen, müssen mit einem minimalen Lehrgeld auskommen und Luxus ist noch in weiter Ferne. Doch davon lassen wir uns nicht unterkriegen.

Wir wollen es mal besser haben als unsere Eltern, uns etwas leisten können. Und unsere Chancen stehen gut: Bereits Mitte der 50er-Jahre herrscht Vollbeschäftigung. Das Wirtschaftswachstum hält weiter an.

Werden unsere Träume von Reisen in ferne Länder, vom eigenen Auto und der schicken Wohnung in Erfüllung gehen?

Optimistisch steuern wir unsere Ziele an.

Und zum Schluss: Platz für eigene Erinnerungen!

Hier ist Platz für ein Lieblingsfoto aus deiner Kindheit

Käseigel, Toast Hawaii oder doch eher Nudeln – was war **deine Lieblingsspeise?**

....

Mit welchem Geschenk haben deine Eltern dir in der Kindheit eine besondere Freude gemacht?

....

....

Was war dein **Lieblingsspiel?**

....

Hier ist Platz für das **Foto eines Freundes oder einer Freundin,** an den oder die du immer noch gerne zurückdenkst.

Weißt du noch, wie **das erste Buch** hieß, das du gelesen hast?

....

Bestimmt erinnerst du dich noch **an den ersten Film,** den du im Kino sehen durftest:

....

Hast du noch **eine Eintrittskarte oder etwas Ähnliches** aus deiner Jugendzeit? Dann kleb sie hier ein.

Was war die **erste Sendung,** die du im Fernsehen gesehen hast?

....

Hast du noch **ein Klassenbild?**

Wie viele Schüler waren in deiner Klasse? Und wie hieß dein **Lieblingslehrer?**

....

Feuerwehrmann, Sportlehrerin oder einfach berühmt – was war dein **Traumberuf** in der Kindheit?

....

Welches **Ereignis aus deiner Jugend** ist dir noch besonders deutlich in Erinnerung?

....

Jahrgangsbücher

In dieser Reihe sind außerdem erschienen:

JAHRGANG 1954:
ERSTE SAHNE!
ISBN 978-3-8485-1063-4

JAHRGANG 1964:
GANZ GROSS!
ISBN 978-3-8485-1067-2

JAHRGANG 1974:
EINFACH SPITZE!
ISBN 978-3-8485-1069-6

Bildnachweis:
Titel: H. Armstrong Roberts/Getty Images; Hintergrundmuster Rücken, Innenseiten: Doris Wohofsky, Rückseite: iStockphoto/Snezana Negovanovic; Bilderrahmen: Thomas Bethge/fotolia; Spinnenpapier: Danilea Pelazza; S. 2, Rückseite re: Rosmarie Wirz/Fototrove/Getty Images; S. 3, 18, 31, 33, 43, 45, 51: Hemera/Thinkstock; S. 4 li.: Interfoto/Foto Wilhelm; S. 4 re.: rsooll/fotolia; S. 5: Walter Sanders/Time & Life Pictures/Getty Images; S. 6 o.: Constance Bannister Corp/Archive Photos/ Getty Images; S. 6 u.: Jim Coit/Getty Images; S. 7: somenski/fotolia; S. 8, 9 re., 34, 53: Ursula Kohaupt; S. 9 li., 15 li.: iStockphoto/Thinkstock; S. 10 li.: clu/E+/Getty Images; S. 10 re., 41: Interfoto/Mary Evans; S. 11: Interfoto/Zill; S. 12: picture-alliance /akg-images /Tony Vaccaro; S. 13: Constance Bannister Corp/Archive Photos/Getty Images; S. 14: Interfoto/ATV; S. 15 re. o.: FPG/Archive Photos/Getty Images; S. 15 re. u.: Raymond Kleboe/Hulton Archive/Getty Images; S. 17, 29: fotolia/Doc RaBe; S. 19 o. und u.: picture-alliance/dpa; S. 20: Gamma-Keystone/ Getty Images; S. 21 li.: Klaus Eppele/fotolia; S. 21 re., 23, 25 re., 44, 48: Interfoto/ TV-Yesterday; S. 22: Giuseppe Porzani/fotolia; S. 24: Interfoto/Pulfer; S. 25 li.: Charles Taylor/fotolia; S. 26: Andre Bonn/fotolia; S. 27: Barbara Pheby/fotolia; S. 30, 31: Interfoto/Oliver J. Graf; S. 32: Interfoto/Lu Wortig; S. 33, 43, 47, 49, 50 li.: Interfoto/Friedrich; S. 35 o: Grundy/Hulton Archive/Getty Images; S 35 u.: Interfoto/ Weltbild; S. 36, 38: Mikko Pitkänen/fotolia; S 40: Harry Todd/Hulton Archive/Getty Images; S. 42: Hardman/Hulton Archive/Getty Images; S. 46: E. Zacherl/fotolia; S. 50, re.: Peter Eggermann/fotolia; S. 52: Underwood Archives/Archives Photos/ Getty Images; Rückseite li: picture-alliance/akg-images

Für die Genehmigung zum Abdruck der Vornamensliste auf S. 6 danken wir beliebte-vornamen.de (Knud Bielefeld).

Grafik: Doris Wohofsky, **Satz:** Konstantin Wohofsky

Idee und Konzept:
GROH Verlag.

ISBN 978-3-8485-1062-7

MIX
Papier aus verantwortungsvollen Quellen
FSC www.fsc.org
FSC® C011862

137005-4355-01

Ein Lächeln schenken

Geschenke sollen ein Lächeln auf Gesichter zaubern und die Welt für einen Moment zum Stehen bringen. Für diesen Augenblick entwickeln wir mit viel Liebe immer neue GROH-Geschenke, die berühren.

In ihrer großen Themenvielfalt und der besonderen Verbindung von Sprache und Bild bewahren sie etwas sehr Persönliches.

Den Menschen Freude zu bereiten und ein Lächeln zu schenken, das ist unser Ziel seit 1928

Ihr

Joachim Groh

GROH